ANALISI DEL LIBRO

AF142098

Amleto

· · · · · · · · · · · · · · · ·

WILLIAM SHAKESPEARE

ANALISI DEL LIBRO

Scritto da Nasim Hamou
Tradotto da Sara Rossi

Amleto

· ·

WILLIAM SHAKESPEARE

La conoscenza
a portata di mano!

MUST READ

www.50minutes.com
Ripassate i vostri argomenti preferiti
con i nostri titoli pratici

WILLIAM SHAKESPEARE

POETA E DRAMMATURGO INGLESE

- **Nato a Stratford-upon-Avon nel 1564**

- **Morto nel 1616**

- **Opere degne di nota:**

  - *Sogno di una notte di mezza estate* (1592-1595), commedia

  - *Riccardo III* (1592-1595), opera storica

  - *Amleto* (1595-1600), tragedia

Poeta e drammaturgo, figura di spicco della letteratura inglese, in particolare del genere teatrale elisabettiano (dal nome della regina Elisabetta I, 1558-1603), William Shakespeare nacque nel 1564. Ci sono stati alcuni dubbi occasionali sulla sua esistenza storica, che ora sembra provata, anche se alcuni periodi della sua vita rimangono misteriosi. Scrisse 37 opere teatrali, che generalmente rientrano in una delle quattro categorie: opere storiche come *Riccardo III*, commedie come *Sogno di una notte di mezza estate*, grandi tragedie come *Amleto* e, infine, le ultime opere, che comprendono quelle come *La tempesta*. Nel corso del 1600, la compagnia teatrale di questo attore e scrittore, considerata una delle migliori di Londra, divenne residente al Globe Theatre. William Shakespeare morì nel 1616.

AMLETO

ESSERE O NON ESSERE: UNA TRAGEDIA DI VERITÀ E BUGIE

- **Genere:** opera teatrale (tragedia)

- **Edizione di riferimento:** Shakespeare, W. (2007) *Amleto*. Shakespeare Library Classic. Minneapolis: Filiquarian Publishing, LLC.

- **1ª edizione:** 1601

- **Temi:** morte, follia, tradimento, menzogna, vendetta

Amleto è una delle tragedie più famose di Shakespeare. L'opera fu scritta tra il 1595 e il 1600.

L'eroe eponimo, il principe di Danimarca, ha perso il padre, il re, due mesi fa. Sua madre si è risposata con il nuovo re, Claudio, fratello del precedente re. Amleto non lo accetta perché lo considera un tradimento. Quando scopre che suo padre è stato in realtà assassinato da Claudio, sembra sprofondare lentamente nella follia.

SINTESI

ATTO I

La scena si svolge a Elseneur, in Danimarca. Gli ufficiali in servizio al castello del re vedono un fantasma. Era già apparso loro la notte precedente. Il fantasma assomiglia in tutto e per tutto all'ex re. Orazio dice: "Non so in quale particolare pensiero operi, ma, a mio parere, questo fa presagire una strana eruzione per il nostro Stato" (Atto I, Scena I). Gli ufficiali effettuano un giro di ispezione perché il Paese teme un attacco: Fortebraccio di Norvegia ha provocato il re di Danimarca, prima di essere ucciso da Amleto. Secondo un accordo precedente, le sue terre avrebbero dovuto essere date ad Amleto, ma il figlio di Fortebraccio "ha imbastito una lista di risoluzioni senza legge, per mangiare e nutrirsi" (Atto I, Scena I) per reclamarle.

Dopo la morte del re, gli succede il fratello Claudio, che sposa la moglie Gertrude. Amleto, figlio del precedente re e nipote di Claudio, è molto malinconico dopo la morte del padre. Egli rimprovera alla madre di essersi risposata così presto, solo due mesi dopo la morte del marito, e con un uomo non all'altezza del padre. Orazio racconta ad Amleto di aver visto un fantasma e il principe decide di recarsi di notte alla piattaforma per cercare di vederlo di persona.

Laerte, figlio del ciambellano Polonio, si prepara a partire per la Francia e saluta la sorella Ofelia. Lei gli dice che Amleto sembra provare qualcosa per lei. Lui la avverte di fare attenzione: "Non può, come fanno le persone senza valore, ritagliarsi un posto per sé; perché dalla sua scelta dipende la sicurezza e la salute di tutto questo Stato" (Atto I, Scena III). Polonio conferma questo consiglio e dice alla figlia di allontanarsi da Amleto, che la sta solo usando: "Non credere ai suoi voti" (Atto I, Scena III).

Quella notte, Amleto si trova sulla piattaforma accompagnato da Orazio e Marcello e vede il fantasma, che li chiede di seguirlo. Il fantasma è suo padre e gli dice che è stato ucciso da Claudio: "Ma sappi, nobile giovane, che il serpente che punse la vita di tuo padre ora porta la sua corona" (Atto I, Scena V). È stato avvelenato. Orazio e Marcello giurano di non rivelare mai ciò che hanno visto quella notte.

ATTO II

Polonio chiede al suo servo, Rinaldo, di indagare sul figlio Laerte. Ofelia racconta al padre, spaventata, che Amleto le ha fatto visita, spettinato e con un comportamento strano. Polonio crede che sia pazzo. Il re chiede agli amici di Amleto, Rosencrantz e Guildenstern, di passare un po' di tempo con lui e di cercare di capire cosa sta succedendo: "Avete sentito parlare della trasformazione di Amleto; chiamatela così, perché né l'uomo esteriore né quello interiore assomigliano a quello che era" (Atto II, scena II). Gli ambasciatori di Norvegia informano Claudio che il re di Norvegia ha arrestato Fortebraccio. Entra Polonio e dice a Claudio e Gertrude che crede che Amleto sia pazzo e, come prova, legge loro una lettera che ha inviato a Ofelia.

Guildenstern e Rosencrantz vanno a cercare Amleto. Egli esprime loro la sua malinconia: "Ultimamente – ma non so perché – ho perso tutta la mia allegria, ho abbandonato ogni consuetudine di esercizi; e in effetti ciò si accompagna così pesantemente alla mia indole che questa bella cornice, la terra, mi sembra un promontorio sterile" (Atto II, Scena II). Gli attori sono in città e Amleto desidera vederli. Chiede loro di recitare la storia della morte di Priamo, raccontata da Enea a Didone, poi chiede un altro spettacolo per il giorno successivo: vuole vederli recitare *L'assassinio di Gonzago* e aggiunge alla commedia un'apostrofe che ha scritto lui stesso. Amleto pensa tra sé e sé: "Farò recitare a questi attori qualcosa di simile all'assassinio di mio padre davanti a mio zio: Osserverò i suoi sguardi, lo tenterò fino allo spasimo: se solo si arrossirà, saprò come muovermi" (Atto II, scena II).

ATTO III

Guildenstern e Rosencrantz raccontano il loro incontro con Amleto al re e alla regina, che si nascondono per spiare Amleto e Ofelia. Amleto dice alla giovane donna che non avrebbe dovuto credergli e che non la ama. "Si recherà in fretta in Inghilterra, perché la richiesta del nostro tributo trascurato forse i mari e i paesi diversi con oggetti variabili espelleranno questo qualcosa di fissato nel suo cuore, dove il suo cervello che ancora batte lo mette così dalla moda di se stesso" dichiara il re (Atto III, Scena I).

Amleto chiede a Orazio di osservare il re durante la rappresentazione della commedia. Claudio reagisce alla scena dell'avvelenamento. Amleto la prende come una conferma delle affermazioni del fantasma. Amleto va a parlare con la madre mentre Polonio si nasconde dietro un arazzo per spiarli. Quando Polonio si muove, Amleto lo pugnala attraverso l'arazzo, dicendo: "Ma come, un topo?" (Atto III, Scena IV). Amleto accusa la madre di aver tradito il padre. Il fantasma appare, ma la madre non lo vede.

ATTO IV

La regina racconta a Claudio quello che è successo. Dice che Amleto deve partire immediatamente per l'Inghilterra. Durante il viaggio, Amleto incontra le truppe di Fortebraccio in marcia verso la Polonia e si lamenta della propria codardia.

Ofelia diventa pazza. Laerte è tornato. Il re suggerisce a Laerte di assicurarsi di incrociare le spade con Amleto per vendicare il padre e la sorella, uccidendolo con una spada non macchiata. Laerte decide di avvelenare anche la lama. Per precauzione, il re prepara anche una bevanda avvelenata. Orazio riceve una lettera da Amleto che gli chiede di unirsi a lui. La regina annuncia che Ofelia si è annegata.

ATTO V

Viene scavata una fossa per Ofelia. Discutono dell'annegamento e della questione del suicidio, condannato dalla Chiesa. Amleto li osserva e si stupisce della nonchalance con cui il becchino lancia in aria i teschi. "Perché non potrebbe essere il teschio di un avvocato? Dove sono ora le sue quiddities, le sue quillets, le sue cause, le sue tenute e i suoi trucchi?", chiede. Il re, la regina e il loro seguito portano il corpo di Ofelia. Amleto scopre che è morta. Sconvolto dalla manifestazione di dolore di Laerte, che trova stravagante e falsa, lo provoca dicendo di aver amato di più Ofelia.

Osric, un cortigiano, informa Amleto delle doti di Laerte in battaglia per incoraggiarlo a combattere con lui. Amleto accetta la sfida: "Se è ora, non è per venire; se non è per venire, sarà ora; se non è ora, tuttavia verrà: la prontezza è tutto" (Atto V, Scena II). Il duello ha inizio, la regina beve per errore dalla coppa avvelenata e muore. Laerte e Amleto, durante un assalto, si scambiano le spade ed entrambi vengono feriti dalla lama avvelenata. Amleto uccide il re. Laerte muore e anche Amleto muore. Entra in scena Fortebraccio. Orazio spiega la situazione e i corpi vengono portati via.

STUDIO DEL CARATTERE

AMLETO

Amleto, l'eroe eponimo dell'opera, è il figlio del re di Danimarca e nipote dell'attuale re Claudio, sposato con la madre Gertrude. Il personaggio è onnipresente nell'opera e, quando non è in scena, gli altri personaggi parlano di lui. La trama ruota attorno alla sua malinconia e alla sua sofferenza, rafforzate dalla scoperta del tradimento dello zio. Egli cerca la verità mentre tutti gli altri lo credono pazzo. Il suo amico Orazio gli dice: "Queste non sono altro che parole selvagge e vorticose, mio signore" (Atto I, Scena V).

La sua condizione è ambigua perché, se all'inizio dell'opera i suoi amici vedono il fantasma come lui, durante l'incontro con la madre lei non lo vede. Si comporta in modo irregolare; è tormentato da ciò che conosce. Il mondo non ha più senso per lui, non è più una fonte di piacere. In un certo senso, è una specie di fantasma, perseguitato dai suoi pensieri morbosi. Amleto è un eroe tragico, tormentato e sofferente: "Come mi sembrano stanchi, stantii, piatti e poco redditizi tutti gli usi di questo mondo! Che schifo! Che schifo!" (Atto I, Scena II).

La sua ossessione per la tragedia della morte del padre lo porta a trascurare tutto ciò che lo circonda, facendogli perdere anche Ofelia. Solo Orazio trova favore ai suoi occhi; Amleto si fida di lui. Nei suoi scambi con gli altri personaggi è spesso ironico, persino cinico. Il suo inciso nella seconda scena del primo atto sul suo rapporto con Claudio, "Un po' più che parente e meno che gentile", stabilisce il tono. Dice, ad esempio, di suo padre: "Morto da due mesi e non ancora dimenticato? Allora c'è speranza che la memoria di un grande uomo possa sopravvivere alla sua vita per mezzo anno" (Atto III, Scena II).

Amleto è un eroe guerriero che, come ci viene detto, ha sconfitto Fortebraccio e affronta Laerte alla fine dell'opera, ma si scopre debole perché non fa nulla per vendicare il padre. "Essere o non essere: questa è la domanda: se sia più nobile per l'animo soffrire i fendenti e le frecce della fortuna oltraggiosa, o prendere le armi contro un mare di problemi e, opponendosi, porvi fine?", si chiede. In ogni caso, finisce per raccontare ciò che sa alla madre e per uccidere il re, prima di morire lui stesso.

CLAUDIO, GERTRUDE, POLONIO E LAERTE

Nell'opera, questi quattro personaggi sono avversari di Amleto. Claudio ha assassinato il padre, Gertrude ha tradito l'ex marito sposandone l'assassino e Polonio cerca di allontanare la figlia Ofelia da Amleto, credendolo pazzo. Essi rappresentano la menzogna, il tradimento e l'ipocrisia.

Anche Laerte si oppone ad Amleto ed è quasi un suo sosia: anche suo padre è stato ucciso da Amleto nel dramma. Laerte diffida di Amleto, proprio come Polonio, e trae vantaggio dal piano che Claudio vuole mettere in atto per sbarazzarsi di Amleto. È quindi dalla parte degli oppositori. Tuttavia, il suo personaggio è più ambiguo perché il suo amore per Ofelia appare genuino e, come Amleto, cerca soprattutto di sapere cosa è successo a suo padre: "I suoi mezzi di morte, il suo oscuro funerale – nessun trofeo, spada o cofano sulle sue ossa, nessun rito nobile o ostentazione formale – gridano di essere ascoltati, come dal cielo alla terra, che devo metterli in discussione" (Atto IV, Scena V).

OFELIA E ORAZIO

Ofelia è la figlia di Polonio e la sorella di Laerte. Rappresenta l'amore e incarna la vittima innocente. La descrizione della sua morte ha ispirato molti pittori: affonda lentamente nell'acqua e annega. Ama Amleto, ma ha paura di lui e lui la allontana. È una vittima tragica e forse anche patetica. Prima di lasciarsi morire, perde la sanità mentale, quasi come un parallelo con Amleto: mentre lui diventa sempre più ironico e violento, lei si rinchiude nei suoi pensieri e si suicida. È una coppia impossibile, schiacciata dalle circostanze drammatiche in cui è coinvolta.

Nel frattempo, Orazio è un ufficiale. È un amico fedele di Amleto, che lo descrive come un uomo giusto. Accompagna il suo amico, lo sostiene ed è l'unico rimasto dopo tutte le morti nell'ultima scena a raccontare a Fortebraccio quello che è successo.

ANALISI

BUGIE E IPOCRISIA

Il dramma ruota attorno all'equilibrio tra verità e menzogna e solleva costantemente la questione dell'ipocrisia. Amleto è il personaggio che rivendica la verità. Rifiuta tutte le apparenze, che oppone ai veri sentimenti. Così, secondo lui, sua madre ha l'apparenza del lutto, ma in realtà non soffre affatto. Lo spiega nel modo seguente:

> *Non conosco il "sembra". Non è solo il mio mantello color inchiostro, buona madre, né i consueti abiti di un nero solenne, né la ventosa sospensione di un respiro forzato, no, né il fiume fecondo nell'occhio, né lo sconfortato 'havior' del viso, insieme a tutte le forme, gli umori, le forme del dolore, che mi possono denotare veramente: questi sembrano davvero, perché sono azioni che un uomo potrebbe recitare; ma io ho quello dentro che passa inosservato; questi non sono che gli orpelli e gli abiti della sventura"* (Atto I, Scena II).

È per questo che il personaggio di Osric lo irrita tanto: è un cortigiano che concorda sempre con l'opinione del signore, senza mai esprimere la propria opinione. Concorda con Amleto sul fatto che è caldo, poi freddo, poi di nuovo caldo a seconda di quello che dice.

Allo stesso modo, Polonio incarna questo funzionamento basato sulla menzogna. Quando chiede al suo servo di indagare sul figlio, gli chiede di usare l'inganno per estorcere la verità. I personaggi non solo si tradiscono a vicenda, ma lo fanno in modo subdolo, mascherando le loro malefatte. Inoltre, credono che ciò che fanno sia giusto. Polonio dice:

"La vostra esca di falsità prende questa carpa di verità; e così noi, di saggezza e di portata, con vele e con saggi di parzialità, per indirezioni scopriamo le direzioni" (Atto II, Scena I). La Corte di Danimarca diventa l'immagine stessa della corruzione attraverso la falsità.

ORDINE E POLITICA

Come in altre opere di Shakespeare e in accordo con il modo di pensare elisabettiano, il destino della famiglia reale si ripercuote sull'intero regno. I segni della natura possono annunciare una crisi all'interno dello Stato, poiché tutto è collegato e il regno è una versione ridotta dell'universo. Se la monarchia è corrotta, il Paese soffrirà per i suoi peccati.

Orazio spiega:

> "Nell'epoca più alta e più fiorente di Roma, un po' prima che cadesse il più potente Giulio, le tombe erano senza tetto e i morti avvolti in un lenzuolo scricchiolavano e farfugliavano per le strade romane, come stelle con treni di fuoco e rugiade di sangue, disastri nel sole; e l'umida stella sul cui influsso si regge l'impero di Nettuno era malata quasi fino al giorno del giudizio con l'eclissi: e anche la stessa predizione di eventi feroci, come forieri che precedono ancora i destini e prologo del presagio che sta per arrivare, il cielo e la terra insieme hanno dimostrato ai nostri climi e ai nostri compatrioti" (Atto I, Scena I).

Infatti, alla fine, Orazio riassume l'accaduto e gli atti innaturali che sono stati commessi nel regno: "Così sentirete parlare di atti carnali, sanguinosi e innaturali, di sentenze accidentali, di stragi casuali, di morti provocate da astuzia e forzatura, e, in questo quadro, di scopi sbagliati caduti sulle leggi degli inventori" (Atto V, Scena II).

I personaggi, messi di fronte alla tragedia e alla verità, devono scegliere il loro campo: devono pensare ai propri interessi e cercare di proteggersi a tutti i costi adottando l'ipocrisia e la falsità per coprire i loro crimini, oppure scegliere di affrontare la realtà senza compromettersi e rischiare di impazzire, come Amleto o Ofelia. Amleto cerca la giustizia, mentre Claudio ha agito accecato dal potere. L'*Amleto* è quindi un'opera estremamente cupa. L'unica uscita che rimane ai personaggi è la morte.

IL TEATRO COME SPAZIO DI VERITÀ

Nell'opera vengono messe in scena parti del dramma. Questa "mise en abyme" innesca l'espressione della verità. Il teatro interagisce con la vita, non è solo una forma di intrattenimento o un pezzo di finzione separato dalla vita reale, ma influenza la realtà.

Così, Shakespeare inserisce un discorso poetico nelle parole di Amleto, un discorso sul teatro e sull'arte di recitare una parte. Per lui, il teatro è essenzialmente un'immagine speculare del mondo. Deve quindi essere interpretato in modo naturale e senza eccessi:

> *"Adegua l'azione alla parola, la parola all'azione; con questa particolarità non oltrepassare il pudore della natura; perché ogni cosa così esagerata è lontana dallo scopo del gioco, il cui fine, sia all'inizio che ora, era ed è quello di tenere, come fosse, lo specchio alla natura; di mostrare alla virtù il suo stesso aspetto, al disprezzo la sua stessa immagine, e all'età e al corpo stesso del tempo la sua forma e pressione" (Atto III, Scena II).*

L'omicidio di Gonzago dà a Claudio un'immagine del crimine commesso: la verità si gioca nella scena in cui la menzogna è presente nella vita reale. Tuttavia, ancora di più, è la finzione che permette la rivelazione del crimine. Quando Claudio risponde alla scena dell'avvelenamento, conferma la sua colpevolezza ad Amleto e Orazio.

Allo stesso modo, l'opera mette costantemente in scena scene in cui uno dei personaggi si nasconde per spiare Amleto, diventando così uno spettatore. Una seconda scena teatrale appare poi sul palcoscenico. Anche Amleto diventa un attore e ci si chiede fino a che punto stia recitando una parte e fino a che punto la sua follia sia reale. Sembra perfettamente lucido rispetto agli intrighi che lo circondano e dà a tutti coloro che fanno parte della sua vita esattamente ciò che si aspettano: la prova della sua follia. Ma è davvero pazzo? È difficile rispondere a questa domanda.

Shakespeare gioca così con il motivo teatrale e la "mise en abyme" per dire qualcosa della sua stessa arte: il teatro è un luogo di verità, anche se si maschera da finzione.

ULTERIORI RIFLESSIONI

ALCUNE DOMANDE SU CUI RIFLETTERE...

- Come cambia il personaggio di Amleto nel corso dell'opera? Come viene percepito dagli altri personaggi? Come si vede lui stesso?

- Analizzate la scena in cui gli attori interpretano *L'assassinio di Gonzago*. Come reagisce Amleto? In che modo si rivolge a Ofelia? Come reagisce lei?

- Nel discorso di Amleto agli attori, quale visione del teatro emerge? È originale?

- Cosa rappresenta l'immagine dei teschi nella scena del funerale di Ofelia? In quale genere pittorico ricorre il motivo del teschio? Quale visione della vita è suggerita da questa immagine?

- Di cosa accusa Amleto gli altri personaggi, in particolare la madre?

- Come Amleto descrive Orazio? Questo personaggio è importante per l'opera?

- Analizzate le scene in cui un personaggio si nasconde da Amleto per spiarlo. Quali sono i loro motivi? Immaginate una messa in scena di questi passaggi.

- Che ruolo ha il fantasma nella trama?

- Confrontate l'*Amleto* con il *Macbeth*, anch'esso scritto da Shakespeare. Quali somiglianze esistono tra le due opere?

ULTERIORI LETTURE

EDIZIONE DI RIFERIMENTO

Shakespeare, W. (2007) *Amleto*. Shakespeare Library Classic. Minneapolis: Filiquarian Publishing, LLC.

Vogliamo sapere da voi!
Lasciate un commento sulla vostra biblioteca online
e condividete i vostri libri preferiti sui social media!

Perché scegliere Must Read?

Scoprite tutto quello che c'è da sapere su
un libro, con i nostri riassunti e le nostre
analisi concise e approfondite!

**Scoprite il meglio della letteratura
sotto una luce completamente nuova!**

www.50minutes.com

Sebbene l'editore faccia ogni sforzo per verificare l'accuratezza delle informazioni pubblicate, 50minutes.com non si assume alcuna responsabilità per il contenuto di questo libro.

© 50minutes.com, 2023. Tutti i diritti riservati.

www.50minutes.com

Master ISBN: 9782808690874
ISBN cartaceo: 9782808612272
Deposito legale: D/2023/12603/1507

Copertura: © Primento

Concezione digitale a cura di Primento, il partner digitale degli editori.